UN INONDÉ

A

SES CONCITOYENS

PAR

LÉOPOLD GRAFFIN

PARIS

LIBRAIRIE DES SCIENCES SOCIALES

13, RUE DES SAINTS-PÈRES, 13

—

1866

UN INONDÉ

A

SES CONCITOYENS

UN INONDÉ

A

SES CONCITOYENS

Il eut été à désirer qu'une plume plus habile que
la mienne se fût chargé des intérêts que je viens dé-
fendre.

Le talent a un privilége, c'est celui de se faire écou-
ter ; tandis qu'un homme qui n'a aucune autorité et
pas la moindre influence, qui n'est ni sénateur, ni
chambellan, ni maître des cérémonies, mais simple-
ment inondé, quel espoir peut-il avoir de se faire en-
tendre ? Un seul, c'est de s'adresser à des gens qu'on
noye.

Trois fois victime des inondations de la Loire en vingt
ans, j'ai appris à me défier de nos savants officiels. Je
commence même à croire que, si nous n'attendons notre
salut que du corps des ponts et chaussées, et de la so-
lidité des endiguements de la Loire, naguère si pom-

peusement annoncés, nous pourrons bien y laisser un beau jour nos fortunes et nos vies.

Je viens donc d'abord édifier mes lecteurs sur la sollicitude de MM. les ingénieurs pour les intérêts qui leur sont confiés ; puis, quand nous aurons tous perdu la foi et l'espérance en nos prétendus sauveurs, nous ferons un acte de *charité* en cherchant ensemble les moyens d'empêcher le retour des calamités décennales.

Sur la rive droite de la Loire, en amont du faubourg Saint-Symphorien, deux bondes ferment les canaux d'écoulement par où les eaux pluviales descendent dans le fleuve. La plus en amont, celle de Saint-Georges, qui deux fois déjà, en 1846 et 1856, contribua si fortement à inonder les communes de Saint-Georges, Sainte-Radegonde et Saint-Symphorien, en dépit des bienheureux patrons sous l'invocation desquels elles sont placées, [1] attend encore aujourd'hui sa première réparation. J'ai conduit moi-même à Rochecorbon, dans ma voiture, pendant la période croissante de l'inondation, le cantonnier-chef pour réclamer des bras, afin de combler avec des sacs

---

1. La Touraine est le pays le mieux partagé sous le rapport des pieux patronages; mais, hélas? tous les élus du paradis, depuis le grand saint Martin jusqu'à l'humble saint Paterne, sont aussi impuissants que Messieurs des ponts et chaussées à conjurer l'aquatique fléau.

remplis de terre cette malheureuse bonde dont la porte
n'a jamais été en état de fermer depuis vingt ans.
Quant à celle de Sainte-Radegonde, qui se trouve à
peu près dans le même état, mais qui, il faut le re-
connaître, avait depuis quelque temps attiré l'atten-
tion de Messieurs les ingénieurs, il a fallu lui faire subir la même opération, c'est-à-dire la combler avec
des sacs de terre. Cependant il est juste d'ajouter que
deux toises de pierres, qui avaient été déposées à pied
d'œuvre, auraient pu servir à faciliter les travaux de
défense, si elles n'avaient été déjà couvertes par les
eaux lorsqu'ils commencèrent.

Tout cela se passait au moment où les soldats de la
garnison étaient occupés, dans l'eau jusqu'à la cein-
ture, à abattre les arbres des îles devant la ville. Le
moment choisi pour cet abattage était, par parenthèse,
singulièrement inopportun. Quoi qu'il en soit, ce fut
pour M. le conducteur des ponts et chaussées, auquel
j'étais allé demander des secours, un prétexte plausi-
ble pour me répondre qu'il ne pouvait me donner que
des torches et des pilons, les bras disponibles étant
employés. Je pouvais me servir des unes pour éclai-
rer le désastre, et faire manœuvrer les autres par
n'importe qui.

Cependant les arbres des îles sont restés debout, la
hache des sapeurs n'a guère sacrifié plus d'une dou-
zaine de victimes végétales ; mais les eaux ont forcé

la bonde de Sainte-Radegonde et toute la vallée a été inondée. Je ne parlerai pas ici de l'insuffisance notoire et du triste état de la levée en face des Amidonniers, ni de l'incurie qui a présidé à la construction et à l'entretien des petits canaux d'écoulement qui la traversent. Tout le monde sait que, sans la brèche de Conneuil, les défenses du faubourg allaient être emportées. Peut-être MM. les ingénieurs s'attendaient-ils à cette catastrophe, qui sauva la rive droite. Ce serait, au moins, de leur négligence, une circonstance atténuante.

Je ne voudrais pas donner à un appel à la prévoyance le cachet d'un aigre réquisitoire, mais je ne puis m'empêcher de signaler un dernier fait qui permettra mieux encore d'apprécier le zèle. vigilant du corps des ponts et chaussées pour nos intérêts et notre sécurité. Lors de la construction des quais de Tours, il y a environ quatre ans, l'entrepreneur fut autorisé à prendre des terres dans le lit du fleuve. En conséquence, une tranchée fut ouverte dans le talus de la levée, près la barrière de Vouvray. Cette tranchée, assez vaste pour laisser passage aux voitures, menaçait de destruction le faubourg tout entier ; malgré cela, elle n'a été remblayée que pendant l'inondation par les habitants eux-mêmes, sous la direction de l'autorité municipale, et défendue qu'au moyen de grosses toiles de voilure.

Ce que nous reprochons à MM. les ingénieurs, ce n'est certes pas un manque de savoir ; nous ne doutons pas non plus de leur intelligence, mais nous déplorons le sans-façon avec lequel ils nous traitent.

L'absolution qu'ils trouveront sans peine, je n'en doute pas, auprès de l'administration supérieure, sera difficilement ratifiée par l'opinion publique. Quant à obtenir la remise de leurs péchés au tribunal de la pénitence, en général les polytechniciens n'y songent guère. Je ne leur en fais pas un crime.

Quelques optimistes diront peut-être :

« Les reproches adressés à MM. les ingénieurs portent sur des peccadilles qu'effacent les services qu'ils nous rendent. Sachons attendre : d'importants projets sont à l'étude, et bientôt, demain peut-être, l'exécution va commencer. On ne balance plus qu'entre les bassins à emmagasiner les eaux dans les montagnes — une demi-douzaine au moins de contre-façons du lac Mœris — et le grand canal latéral qui, dans l'occasion, calmera le fleuve par de larges saignées. Patience donc et confiance ! »

Eh bien, je crois que, dans l'état des choses, la confiance est un danger, la patience une faiblesse, et qu'on fera d'ailleurs difficilement admettre par les habitants des varennes inondées qu'il n'y ait pas péril en leur demeure envahie jusqu'à la toiture.

Tout corps constitué, savant, politique ou administratif, à l'abri de la critique d'une presse libre, est sans activité, sans énergie, et si, sur la foi d'une initiative qui fait complétement défaut, nous nous endormons dans une placide sécurité, nous pourrons bien être un jour éveillés par de cruelles déceptions. Les inondations se succèderont, les ruines s'accumuleront, et il ne nous restera que la prière pour conjurer un danger toujours menaçant. Malheureusement la Providence actuelle règne et ne gouverne pas [1].

Les lois de l'univers sont indifférentes à nos maux, les fleuves sans entrailles, les ingénieurs sans projet et de plus sans argent.

Il existe pourtant un remède, et l'on peut même dire qu'il n'y a qu'à se baisser pour le prendre. Il est dans toutes les bouches : rendre aux eaux du fleuve leur liberté. L'abus qu'elles en pourront faire sera bien peu de chose en comparaison des dégâts qu'elles occasionnent en s'évadant de leur fragile prison. Les fleuves sont comme les idées, ils ne se laissent endiguer ni longtemps, ni impunément. Certaines gens rêvent des eaux soumises à l'autorité, et des hommes sans passions politiques. La sottise n'a-t-elle pas tou-

---

1. C'est ce qui explique pourquoi ses plus fervents adorateurs, les moines de Saint-Antonin en Sicile, ont pu, dans un pieux égarement, faire griller de malheureux gendarmes italiens, et en vendre les chairs par morceaux à la populace, *sans qu'elle soit intervenue*.
(*Journal des Débats* du 15 octobre.)

jours prétendu supprimer ce qu'elle ne pouvait comprendre, ni utiliser? Mais la nature se rit de telles prétentions, et leur donne chaque jour de cruels et inutiles démentis.

Sans rechercher si les inondations sont produites par le déboisement, le défrichement, le drainage ou d'autres causes, nous savons tous que le lit de la Loire est insuffisant pour livrer passage aux eaux subitement amoncelées par les perturbations météorologiques ; qu'on a conquis sur elle d'immenses terrains, que dans ses jours de colère elle revendique, avec fracas et trop souvent avec succès, les champs inconsidérément usurpés sur ses rives à la faveur décevante des basses eaux ; que le val tout entier fut autrefois son domaine, et qu'elle y venait, à ses heures, déposer une partie des richesses entraînées par ses eaux vers la mer. Ce dépôt limoneux servait ainsi à fertiliser le sol et à l'élever. Les terres d'alluvion, dont nous lui disputons la jouissance, ne sont-elles pas là pour plaider éloquemment en faveur de ses bienfaits?

Si parfois, au temps de ses libres allures, elle ravageait le champ du travailleur, que d'années de prospérité pour un jour de trouble ! A qui la faute si ses visites, autrefois toujours aussi courtes que bienfaisantes, sont devenues, de nos jours, l'un des fléaux limbiques prédits par Fourier? Cessons donc une guerre qui nous est funeste, et rendons, je le répète, la liberté aux eaux du fleuve. Cette idée paraîtra singulièrement utopique à bien des gens. Cependant, elle est partagée aujourd'hui par la plupart des riverains de la Loire. Voici comment ils raisonnent :

Dans ses jours de grande crue, la Loire roule un long flot d'environ 300 kilomètres, large comme son lit, et d'une hauteur moyenne de 6 mètres. Ce flot marche avec une rapidité de 4 à 5 kilomètres à l'heure, et parcourt, selon les vents, les 850 kilomètres qui séparent Retournac de Nantes, en huit ou dix jours. Tel est l'ennemi que nous avons à combattre et à vaincre. En multipliant la hauteur moyenne des eaux par la largeur du fleuve, leur produit par la vitesse du courant, et le tout par un temps donné, — vous avez la quantité d'eau qui s'écoule entre les deux rives pendant ce temps, et notre ennemi est toisé.

Si, pour une crue comme celle que nous venons de subir, dont la durée a été d'environ soixante-douze heures, nous appliquons ce calcul, nous trouvons qu'un milliard de mètres cubes d'eau (chiffre rond) a bien pu s'écouler par le pont de Tours. L'exactitude des chiffres ne nous étant pas absolument nécessaire, et les données précises nous manquant, nous laissons aux ergoteurs le plaisir de nous rectifier. Raisonnons donc toujours dans l'hypothèse que nous avons à compter avec un milliard de mètres cubes, et demandons-nous ce qu'il faudrait faire pour rendre une telle masse d'eau inoffensive.

Il suffirait, tout le monde le comprend, de diminuer son volume d'un tiers environ. Cette diminution, facile à obtenir, consisterait à laisser s'étendre sur 30 à 40 mille hectares abandonnés aux inondations des deux côtés de la Loire, le trop plein du fleuve, qui trouverait facilement à s'y loger. A cet effet, qu'on ouvre de distance en distance, dans les levées, de larges viaducs pour y laisser passer librement ce trop plein. Submergés à un mètre ou deux de hauteur, nos hectares préservateurs fourniront des stations aux eaux, qui s'y seront répandues dès le commencement de l'inondation. Le flot passé, l'eau retournera à la rivière.

Si le chiffre de 30,000 hectares effrayait quelques personnes, je leur répondrais : la brèche de Conneuil, seule, a inondé 5,000 hectares, les plus riches de la Touraine, presque tous couverts de villages et d'habitations isolées. Cette vallée opulente qui s'étend de Mont-Louis à l'embouchure du Cher, a été surprise par le torrent au milieu de la plus profonde sécurité, tandis que nos 30,000 hectares seront toujours préparés à recevoir la visite du fleuve, et les habitations établies et construites en conséquence. Les fonds de terre profiteront de chaque crue, mais, suivant les saisons, les récoltes pourront quelquefois être endommagées.

Je laisse les questions d'indemnité à régler. Elles coûteront certainement moins cher que l'expédition du Mexique, et serviront mieux les intérêts de la France. Le simple dégrèvement de l'impôt foncier sur ces terrains préservateurs suffirait pour rendre leurs propriétaires les meilleurs amis du fleuve. Les réclamations ne viendraient que des riverains des autres cours d'eau non endigués, qui ne tarderaient pas à crier au privilége.

Le sort des cultures dans toutes les îles de la Loire est à la merci de semblables éventualités, et le revenu de l'hectare n'en est pas moins très-élevé. Il en est de même de toutes les terres submersibles qui bordent les affluents des fleuves, elles sont presque toutes des plus productives. Si nos hectares préservateurs courent les mêmes dangers, quant à leurs récoltes, que les îles et les terrains submersibles dont nous venons de parler, ils seront bien autrement favorisés, car, tandis que ceux-ci sont inondés par des eaux courantes pouvant les raviner ou les ensabler, ceux-là ne recevront que des eaux troubles et dormantes, qui laisseront après elles un précieux engrais.

Enfin, pour rendre à la Loire son antique liberté, et lui permettre de vivre en bonnes relations avec ses voisins, il faudrait non-seulement lui restituer ses anciens priviléges d'empiétement, mais encore arrêter l'accroissement démesuré de ses îles. Il faudrait également la débarrasser des digues qui ensablent et obstruent son lit, et gênent le cours de ses eaux. Ce malencontreux travail fait aujourd'hui porter la croix à bien des gens.

Mais il est inutile de s'étendre plus longuement sur les avantages d'un projet si peu patronné. Un inondé peut bien faire pitié, mais jamais autorité, et ses idées seront toujours prises pour des gémissements.

Si, dans des réunions publiques, nous pouvions discuter les avantages et les inconvénients de notre projet, examiner les nombreuses objections qu'il soulèvera, sonder les intérêts qui s'y rattachent, nommer une Commission chargée de faire une enquête, étudier les moyens de réalisation, en faire surveiller l'exécution, grouper toutes les réclamations, en poser la valeur, sa réussite ne serait pas douteuse.

Mais hélas, nous n'avons pas encore mérité de jouir des bienfaits de l'association.

Espérons cependant que le bien naîtra de l'excès du mal. La nature conduit l'humanité par le désir du bien-être et l'appât des jouissances, et la prévient de la fausse route par la souffrance et la douleur. Profitons donc de ses enseignements. Les moyens employés jusqu'à ce jour pour nous sauver, nous ont si rudement éprouvés qu'il est temps de les abandonner. Ne construisons plus nos habitations dans le val; évitons d'y élever des murs renversés à chaque inondation. Nous n'avons que trop fait de *sisyphisme* ! Préférons désormais les prairies qui ne craignent pas les crues, à des cultures précaires et moins productives ; l'élevage du bétail y gagnera.

Ne demandons pas surtout à nos souverains les vertus des thaumaturges. On n'écarte pas plus qu'on n'attire à volonté « le mascaret », et la baguette magique qui repoussa les flots de la mer Rouge, et fit jaillir l'eau du rocher est descendue dans la tombe avec feu Moïse. Contentons-nous de supplier les grands de la terre de ne pas prodiguer nos deniers, et de se montrer intelligents dans leur emploi. Les budgets gaspillés sont des ruines sur la route de l'avenir ; les travaux de nos ingénieurs dans le lit de la Loire, pendant la première moitié de ce siècle, sont là pour le prouver.

Rappelons-nous que la solidarité, cette grande loi de la nature, unit étroitement tous les intérêts, et rattache ensemble toutes les questions. Elle nous enseigne que, si nous portons aujourd'hui la peine des fautes de nos pères, c'est que le présent est l'œuvre du passé. Tâchons donc d'épargner à nos neveux les fléaux qui nous désolent, car le présent est en même temps gros de l'avenir. Notre indifférence au bien public a produit tous nos malheurs. Nous oublions trop facilement que cette terre n'est point un lieu de passage, mais la demeure éternelle de l'humanité, dans le sein de laquelle nous nous transformons sans cesse. Son sort sera le nôtre. Sachons vivre pour elle.

Le salut individuel est un monstre d'égoïsme.

Réclamons avec instance la liberté de discussion et d'association.

La chaleur et la lumière de la pensée collective sont nécessaires à la vie et au développement de l'intelligence de chacun.

L'homme dans l'isolement a des pensées malsaines.

Nos voix, n'en doutons pas, finiront par être entendues; nous pourrons alors fonder un organe de publicité, provoquer la création d'une société d'assurances contre les inondations, et, au besoin, d'une compagnie financière, afin d'acquérir les terrains abandonnés au fleuve.

Le journal défendra nos intérêts, et soutiendra les réclamations dont la légitimité aura été reconnue dans les réunions publiques.

La société d'assurances contre les inondations aura un double but : venir au secours des victimes au moyen de primes prélevées sur les assurés, surveiller sans cesse les travaux de protection et de défense des fleuves et rivières, le bon état des levées et des digues ayant pour elle au moins autant d'importance que pour les assurés.

Enfin, la compagnie financière appliquera le mode

actionnaire aux propriétés qu'elle aura acquises, soit à l'amiable, soit par expropriation, et les soumettra ensuite aux procédés de culture les plus rationnels.

Mais, pour arriver à ces féconds résultats, ne perdons pas de vue que « vouloir c'est pouvoir ».

Sainte-Radegonde, le 15 octobre 1866.

LÉOPOLD GRAFFIN.

IMPRIMERIE L. TOINON ET Cᵉ, A SAINT-GERMAIN